Conseiller LAISI MUTONDO

Du Baptême à la Confirmation

Conseiller LAISI MUTONDO

Du Baptême à la Confirmation

Catéchèse du Baptême

Éditions Croix du Salut

Imprint

Cover image: www.ingimage.com

Publisher:
Éditions Croix du Salut
is a trademark of
Dodo Books Indian Ocean Ltd., member of the OmniScriptum S.R.L Publishing group
str. A.Russo 15, of. 61, Chisinau-2068, Republic of Moldova Europe
Printed at: see last page
ISBN: 978-620-3-84317-0

Evangéliste Maitre LAISI MUTONDO

Il faut vivre l'homme pour mieux le connaitre.

DU BAPTEME A LA CONFIRMATION

Cet outil est un guide pour les catéchistes qui préparent les candidats au baptême et /ou à la confirmation.

INTRODUCTION

Le baptême, un sacrement par lequel on est fait Chrétien et devient membre de la communauté universelle du Christ. Ceci consiste en la prononciation des paroles sacramentelles.

Alors que la confirmation, dans le christianisme, est un rite sacramental par lequel les chrétiens, en recevant le Saint-Esprit avec l'abondance de ses dons, sont confirmés dans la grâce reçue au baptême. Malheureusement n'est pas faite par certains protestants, bien que ces deux mots soient indissociables.

Le choix au hasard des certains thèmes par le catéchète, quelque fois mal développés, d'une part, conduisent les catéchisés d'avoir un niveau trop bas et avec beaucoup d'insuffisance, d'autre part, de passivité des certains fidèles et de mutation dans les communautés ecclésiastiques.

Après avoir retrouvé un quasi vide dans la littérature, ces mots ont porté intérêt de notre choix.

Cela dans le but de réunir certains thèmes pouvant servir aux nouveaux croyants pour devenir candidat au baptême et à la confirmation.

En effet, ce livret vous propose les quelques sujets développés sommairement suivants, hormis l'introduction et la conclusion.

PLAN

I. LE CHRISTIANISME

L'histoire du christianisme commence au Ier siècle au sein de la diaspora juive après la crucifixion de Jésus de Nazareth. La date probable se situe vers l'année 30.

Les premières communautés qui ne se définissent pas encore comme chrétiennes sont fondées par plusieurs disciples de Jésus, en particulier dans les villes de Rome, Ephèse, Antioche, Alex mais aussi en Perse et en Ethiopie. Quand il devient une religion admise en officielle de l'Empire romain au IVe siècle et les premiers conciles définissent peu à peu un ensemble de dogmes.

Au VIIe siècle, le passage d'une grande partie des chrétiens du Moyen-Orient et d'Espagne sous domination musulmane modifie le paysage du christianisme. Au VIIIe siècle la querelle des images puis le débat sur le Saint-Esprit donnent lieu à de nouvelles controverses qui, ajoutées aux rivalités politiques, aboutissent à la séparation des Eglises d'Orient et d'Occident.

Le christianisme européen, parvenu à son apogée, s'étend jusqu'en Amérique à partir du XVIe siècle, au moment même où il se fractionne de nouveau, cette fois en raison de la Réforme protestante. Les guerres de religion qui s'ensuivent mettront plusieurs siècles à s'estomper au profit d'une rivalité plus feutrée, puis d'une recherche d'unité et de tentatives d'œcuménisme.

Jésus est la figure fondatrice du christianisme, en effet, certains s'interrogent sur son rôle historique de fondateur. D'après les Evangiles, Jésus « n'est pas venu abolir la Loi, mais accomplir ».

Sa perspective est donc celle d'un accomplissement de la foi juive, dans une interprétation particulière à Jésus lui-même, et non la création d'une nouvelle religion. Si le salut est apporté à tous, c'est d'abord aux siens, « aux brebis perdues d'Israël », qu'il réserve le privilège de son enseignement.

Jésus et tout le groupe primitif des apôtres et des femmes qui le suivaient étaient juifs ainsi que la plupart de ses interlocuteurs, à quelques exceptions près et désignées comme telles, comme le centurion romain de Capharnaüm ou la femme samaritaine.

L'exemple de la diversité régnant dans le judaïsme (sadducéens, pharisiens, esséniens, baptistes...), le paléo christianisme couvre différentes communautés dont la communauté judéo-chrétienne de Jérusalem autour de Jacques, frère de Jésus, appartenant au judaïsme mais reconnaissant le messianisme de Jésus et vivant dans l'attente du Royaume de Dieu.

Aussi les communautés fondées par Paul ou Pierre dans le sillage des hellénistes en Asie, en Grèce et à Rome qui permirent l'ouverture aux gentils, notamment après la rupture entre Paul et l'église de Jérusalem, et un début de divergence théologique.

La divergence avec le judaïsme s'accéléra au tournant du Ier siècle ; il n'y a pas d'événement marquant clairement cette séparation. Pour d'aucuns le christianisme naît avec la reformulation de la Birkat haMinim (la 12e bénédiction de l'*Amida*).

Pour d'autres, il commence dès le tournant du IIe – IIIe siècle avec l'établissement d'un canon pour le Nouveau Testament, pères apologètes, début d'une théologie chrétienne.

Au début du I^Ie^ siècle, les épîtres d''Ignace d'Antioche sont précurseurs, en Asie Mineure de l'organisation d'un épiscopat monarchique caractérisé par une hiérarchie à trois niveaux (Evêque, Prêtre, Diacre).

Dans l'Empire romain, les autorités ne font pas, au début, une différence très nette entre juifs et chrétiens. Ces derniers n'étant qu'une secte juive parmi d'autres, jusqu'à ce qu'ils commencent à être accusés de troubles à l'ordre public.

Ainsi, qu'Antioche que le nom « chrétien » a commencé à êtreutilisé pour la première fois et c'était à caractère injuriant.

Au fait, le christianisme est né dans la partie orientale de l'Empire romain, où se trouvait le plus grand nombre de chrétiens dans les premiers siècles.

Cependant, le christianisme se développa à l'extérieur, dans l'Empire parthe (Mésopotamie, Perse) mais aussi en Éthiopie et en Inde, où la diaspora juive était présente. En dehors de l'Empire romain, les chrétiens s'organisèrent en Eglises indépendantes.

Avec la conversion de l'empereur Constantin et l'édit de Milan en 313, les persécutions contre les chrétiens s'arrêtèrent. Vers la fin du IVe siècle, le christianisme devint la religion officielle de l'Empire, remplaçant ainsi le culte romain antique et inversant la persécution. Cette date marque symboliquement le début de la chrétienté, période de l'histoire de l'Europe où le christianisme imprègne toute la société, y compris les lois et les comportements sociaux.

Avec la Paix de l'Eglise commença la période des Pères de l'Eglise.

Par ailleurs, de multiples débats théologiques suscitèrent des controverses passionnées sur la nature du Christ. Au fil des siècles et des conciles, le monde chrétien connut ensuite plusieurs controverses christologiques, ainsi que des crises et bouleversements idéologiques et politiques.

Le christianisme étant devenu l'un des cultes reconnus de l'Empire, le pouvoir politique prit l'initiative de réunir des assemblées d'évêques (conciles) pour régler les différends.

Le premier fut le concile de Nicée, qui condamna l'arianisme en 325. Le concile d'Éphèse proclama en 431 que le Christ n'avait qu'une seule nature, divine, qui avait absorbé sa nature humaine.

Les thèses nestoriennes affirmant que deux personnes différentes coexistaient en Jésus-Christ (l'une divine et parfaite, l'autre humaine et faillible) furent jugées hérétiques.

En 451, le concile de Chalcédoine proclama l'unique personne du Christ, de nature à la fois divine et humaine, et définit la doctrine sur la Trinité chrétienne formalisée par le *credo* en 325 à Nicée.

C'est*Symbole des apôtres*, appelé ainsi parce qu'il est considéré comme le résumé fidèle de la foi des apôtres. Il est ainsi libellé :

Je crois en Dieu, le Père tout-puissant, créateur du ciel et de la terre ; et en Jésus-Christ, son Fils unique, notre Seigneur,
qui a été conçu du Saint-Esprit, est né de la Vierge Marie,
a souffert sous Ponce Pilate, a été crucifié,
est mort et a été enseveli, est descendu aux enfers,
le troisième jour est ressuscité des morts, est monté aux cieux,
est assis à la droite de Dieu le Père tout-puissant, d'où il viendra juger les vivants et les morts. Je crois en l'Esprit-Saint, à la sainte Eglise catholique, à la communion des saints,
à la rémission des péchés, à la résurrection de la chair,
à la vie éternelle. Amen.

Le *Symbole dit de Nicée-Constantinople* tient sa grande autorité du fait qu'il est issu des deux premiers Conciles œcuméniques (325 et 381).

Je crois en un seul Dieu, le Père Tout-Puissant,
Créateur du ciel et de la terre de l'univers visible et invisible.
Je crois en un seul Seigneur, Jésus-Christ le Fils unique de Dieu, né du Père avant tous les siècles. Il est Dieu, né de Dieu, Lumière, né de la Lumière, vrai Dieu, né du vrai Dieu,
engendré, non pas créé, de même nature que le Père,
et par Lui tout a été fait. Pour nous les hommes, et pour notre salut, Il descendit du ciel ; par l'Esprit Saint,
Il a pris chair de la Vierge Marie, et S'est fait homme.
Crucifié pour nous sous Ponce Pilate, Il souffrit sa passion et fut mis au tombeau. Il ressuscita le troisième jour,
conformément aux Ecritures, et Il monta au ciel ;
Il est assis à la droite du Père. Il reviendra dans la gloire,
pour juger les vivants et les morts ; et son règne n'aura pas de fin. Je crois en

l'Esprit Saint, qui est Seigneur et qui donne la vie ; Il procède du Père et du Fils ; avec le Père et le Fils,

Il reçoit même adoration et même gloire ; Il a parlé par les prophètes. Je crois en l'Eglise, une, sainte, catholique et apostolique. Je reconnais un seul baptême

pour le pardon des péchés. J'attends la résurrection des morts,

et la vie du monde à venir. Amen

II. LE PROTESTANTISME

Le protestantisme tire son origine dans la Réforme instaurée par Luther et Calvin au début du XVIe siècle en proposant une réinterprétation de la foi chrétienne fondée sur un retour à la Bible. Les protestants refusent l'idée d'une hiérarchie ecclésiale instituée par Dieu.

Pour eux le clergé est une émanation du peuple chrétien. Ils refusent donc toute autorité au Pape. Dans un premier temps, l'anglicanisme ne refuse que la juridiction pontificale.

Puis très vite, sous l'influence de la Réforme, il refuse aussi la primauté en matière de foi et de mœurs.

Dès le XVIIe siècle, les colonies anglaises d'Amérique offrirent un asile à ceux qui fuyaient l'intolérance religieuse en Europe. Alors que le Nord-Est restait puritain et les Etats du Sud anglicans, dans les Etats du centre l'arrivée des immigrants anabaptistes et piétistes allemands, des frères moraves tchèques, des presbytériens écossais et nord-irlandais, des huguenots français, des méthodistes et baptistes anglais notamment provoquèrent le foisonnement religieux du grand réveil.

Des prédicateurs itinérants parcoururent alors le territoire.

Au cours du XXe siècle, l'Afrique a été le continent à avoir connu la plus forte expansion de chrétiens.

II.0. PRINCIPALES CONFESSIONS

II.1 L'EGLISE ORTHODOXE

L'Eglise orthodoxe réunit les Eglises des sept conciles, liées les unes aux autres par la confession d'une foi commune et une reconnaissance réciproque ; elles adoptent un classement selon un rang honorifique traditionnel.

II.2 L'EGLISE CATHOLIQUE ROMAINE

L'Eglise catholique revendique depuis le premier concile de Constantinople une primauté pontificale qui ne soit pas seulement d'honneur mais aussi de juridiction. Après la séparation des Eglises d'Orient et d'Occident, l'Eglise de Rome, appelée « Eglise catholique », eut encore 14 conciles qui fixèrent des dogmes comme le purgatoire, l'Immaculée Conception ou l'infaillibilité pontificale. Ces conciles accentuèrent la rupture avec les Eglises des sept conciles et provoquèrent de nouveaux schismes.

II.3 LES EGLISES PROTESTANTES

La Réforme protestante instaurée par Luther et Calvin au début du XVIe siècle a donné naissance à de nombreuses Églises protestantes luthériennes ou réformées ainsi qu'à de nombreuses églises évangéliques (baptistes, méthodistes, anglicane, pentecôtistes...) ou libérales

En règle générale, quatre grands courants et confessions sont distingués : l'Eglise catholique, l'Eglise orthodoxe, les Eglises protestantes (Anglicanes, Luthériennes, Calvinistes, Méthodistes) et les Eglises chrétiennes évangéliques (Baptistes, Pentecôtistes, Charismatiques).

Nous développons l'anglicanisme comme exemple type dans le protestantisme.

II.3.0. ANGLICANISME

A. INTRODUCTION

L'anglicanisme est une confession chrétienne issue d'un schisme avec Rome en 1534. Hors du Royaume-Uni, les anglicans sont parfois appelés « épiscopaliens », c'est le cas notamment aux Etats-Unis. L'origine de cette confession remonte à la décision du roi d'Angleterre Henri VIII, au XVIe siècle, de rompre avec le Pape pour causes politiques et théologiques via l'acte de suprématie (1534).

A l'origine, la doctrine anglicane est énoncée dans les Trente-neuf articles (*Bill of XXXIX articles*) qui ont longtemps eu une valeur impérative.

L'Eglise anglicane est aujourd'hui constituée de plusieurs Eglises autocéphales dont le gouvernement est confié à des synodes auxquels participent clercs et laïcs élus. Ces Eglises sont unies au sein de la Communion anglicane, qui repose sur leur pleine communion (doctrinale, spirituelle, épiscopale, sacramentelle).

Parfois présentées comme une *via media* entre le catholicisme et le protestantisme, les Eglises de la Communion anglicane se disent à la fois catholiques et réformées : catholiques (mais non romaines) parce qu'elles sont en continuité avec la succession apostolique, et réformées parce qu'elles adhèrent aux principes théologiques issus de la Réforme protestante, avec, notamment, l'adoption en 1646 de la confession de foi de Westminster.

Le mot « anglican » provient de l'expression latine médiévale *ecclesia anglicana*, attestée en 1246, qui signifie « église anglaise ».

L'adjectif « anglicane » ainsi donné à l'Eglise d'Angleterre n'a donc pas été inventé par le roi Henri VIII.

De plus, il n'est que peu utilisé au XVIe siècle pour désigner cette église : dans les textes législatifs se référant à l'église établie en Angleterre, on ne se préoccupe pas de la décrire ; *Church of England* est suffisant, bien que le terme « protestant » soit aussi utilisé dans les actes ayant trait à la succession des rois d'Angleterre et aux qualifications requises pour cette dignité. Dans l'Acte d'Union avec l'Irlande de 1800, qui créé une « Eglise unie d'Angleterre et d'Irlande », il est spécifié qu'il s'agit d'une « église protestante épiscopalienne ». Le mot « anglicanisme » commence quant à lui à être utilisé au XIXe siècle.

B. HISTORIQUE DE L'EGLISE D'ANGLETERRE

A l'inverse de ce qui s'est produit en Europe continentale, la séparation entre l'Eglise d'Angleterre et la papauté tient moins à des querelles théologiques, qu'à des considérations politiques.

Le roi d'Angleterre, Henri VIII, jusque-là soutient sans faille de la papauté, avait épousé en 1509 Catherine d'Aragon. Sans héritier mâle, et par ailleurs épris de sa maîtresse Anne Boleyn, il fait parvenir au Pape en 1527 une demande d'annulation de son mariage. Ayant essuyé en 1530 un refus définitif de Clément VII pour des raisons politiques, il se proclame l'année suivante alors « *Chef Suprême de l'Eglise et du Clergé d'Angleterre* » et rompt toute relation diplomatique avec Rome.

Par contre, des considérations politiques se mêlent à ces affaires personnelles : le pouvoir spirituel du pape influence les sujets d'Henri VIII. Ce dernier voyait dans son mariage avec la veuve de son frère, le défunt prince Arthur, un mauvais présage divin, lequel présage conforté par l'absence de descendance mâle.

Ce n'est pas simplement une querelle politique, mais aussi une considération théologique complexe qui poussa Henri VIII à vouloir annuler son mariage : à cette époque, ne pas engendrer d'héritier mâle est perçu comme une punition divine, ce qui implique d'y répondre non seulement de manière politique, mais aussi de manière théologique.

Le « divorce royal » peut alors être prononcé : dès que son union avec Catherine d'Aragon est invalidée par le nouvel archevêque de Canterbury, Thomas Cranmer, Henri VIII épouse sa favorite le 23 mai 1533.

Cependant , ce n'est qu'en 1559, avec le Règlement élisabéthain, que la situation religieuse commence à se stabiliser en Angleterre et que l'anglicanisme prend

véritablement forme, avec notamment l'introduction totale du *Livre de la prière commune*. Des églises sœurs sont fondées en Écosse et en Irlande dès cette époque.
Quant au terme « anglican », il renvoie à une « tribalisation » de la foi, puisqu'à l'origine, il signifie « anglais ». Dans ce sens, l'Anglicanisme n'est rien d'autres que l'expression de la sainte Eglise catholique et Apostolique dans la culture anglaise. La spiritualité, le culte, la lecture de la Bible, etc. portent des traits caractéristiques de la culture anglaise qui, du reste ne sont pas nécessairement familiers à l'homme africain.
D'ailleurs, dans beaucoup de pays atteints par l'anglicanisme, aujourd'hui, on utilise plus l'expression « Eglise anglicane » en vue d'effacer la connotation d'une Eglise étrangère surtout anglaise. Ceux-ci préfèrent utiliser le terme « Episcopal » pour désangliciser l'anglicanisme comme le soutient le Chanoine Jacques Brossière. C'est ce que les congolais appellent « Eglise anglicane du Congo » au lieu de « l'Eglise anglicane au Congo ».
Pour signifier tout simplement « l'Eglise des anglais en milieu congolais » ailleurs elle est dénommée « Eglise Episcopale » Ex : Eglise Episcopale des Etats-Unis, Eglise Episcopale du Rwanda, Eglise Episcopale du soudan… Et notre souhait serait qu'on garde le terme « Eglise Episcopale » pour bien inculturer cette confession dans le milieu où elle est implantée.

C. FORMATION DE LA COMMUNION ANGLICANE

Du XVIIe siècle au XIXe siècle, l'Eglise Anglicane déploie une activité missionnaire de plus en plus importante. Les communautés érigées dans les colonies prennent progressivement leur indépendance et s'érigent en églises autonomes.

Les structures de concertation entre les différentes églises anglicanes apparaissent progressivement : la première conférence de Lambeth a lieu en

1867 à l'instigation de l'archevêque de Canterbury Charles Thomas Longley. Une vingtaine d'années plus tard, les églises s'accordent sur quatre points fondamentaux qui forment une sorte de définition de l'identité anglicane.

Ces accords qui resteront sous le nom de quadrilatère de Chicago-Lambeth, forment également le socle des conceptions anglicanes en matière d'œcuménisme.
La cathédrale de la Sainte-Trinité de Québec est la première Cathédrale Anglicane en dehors des îles britanniques.

D. ORGANISATION DES EGLISES ET DE LA COMMUNION ANGLICANE

1. Un fonctionnement synodal

Les différentes Eglises qui constituent la Communion Anglicane portent le nom de *Provinces Ecclésiastiques* et ont, chacune, leurs règles de fonctionnement propres. Il y a cependant de nombreux traits communs. L'unité de référence est le diocèse, dirigé par un évêque élu et contrôlé par un synode général.

Le Diocèse comprend différentes paroisses organisées en doyennés et / ou archidiaconés. Chaque paroisse est prise en charge par un Pasteur/ Curé, parfois appelé Prêtre et sous la responsabilité de l'Evêque.

Une différence importante avec l'Eglise catholique est qu'à tous les niveaux à partir du doyenné, le gouvernement de l'Eglise est confié à des synodes auxquels participent clercs et laïcs élus : synode de doyenné, synode diocésain, et enfin, le synode général qui concerne l'ensemble de la province. Ce dernier est tri caméral, avec une chambre des Evêques, une chambre des clercs et une chambre des laïcs (exception faite de l'Eglise épiscopale des Etats-Unis, possédant deux chambres : la chambre des évêques et la chambre des députés - diacres, prêtres, laïcs). Suivant la nature des questions traitées, différents types de majorité sont requis, voire l'accord de l'évêque dirigeant le Diocèse.

2. La Communion anglicane

La Communion anglicane dans le monde est instrument d'unité entre les anglicans. La Communion anglicane est l'ensemble des églises anglicanes et épiscopales (on dit « provinces ») en communion avec l'Archevêque de Cantorbéry.

L'Eglise anglicane, tout comme l'Eglise orthodoxe, est une communion d'Eglises autocéphales, mais néanmoins interdépendantes. Bien que plusieurs églises anglicanes existent à travers le monde, il ne s'agit que d'une seule Eglise. Elles sont rassemblées dans la Communion anglicane et au sein de laquelle l'Eglise d'Angleterre et son primat, l'Archevêque de Canterbury, ne jouissent que d'une primauté d'honneur. Ces Eglises sont en pleine communion (doctrinale, spirituelle, épiscopale, sacramentelle) les unes avec les autres.

3. Les instruments D'unité

La Communion anglicane ne possède pas d'instance de gouvernement, puisque les églises qui la composent sont autonomes. Elle fonctionne avec plusieurs instances qui permettent la réunion des représentants des églises membres de la communion :

a) La conférence de Lambeth
b) Le conseil consultatif anglican
c) La conférence des primats anglicans

Ces instances assurent une forme de consultation et de collaboration et veillent au maintien d'une certaine unité en matière de doctrine et de discipline des sacrements. Avec l'archevêque de Canterbury, ces trois instances sont connues sous le nom d'*instruments d'unité* ou *instruments de communion*. Elles peuvent voter des résolutions, mais celles-ci n'auront pas de pouvoir contraignant pour les églises membres.

Il y lieu d'ajouter la liturgie, comme instrument suivi dans toutes les églises Anglicanes.

Le dit suivi soit partiel soit total de la liturgie présente aussi l'unité.

a) La Conférence de Lambeth.

La conférence de Lambeth réunit tous les Evêques de la Communion au niveau mondial sous la présidence de l'Archevêque de Cantorbéry. Ce quilui confère un poids symbolique important. Elle se tient de façon décennale depuis 1867. La conférence passe des résolutions qui, sans avoir le caractère contraignant de décisions synodales, ont en général une forte influence sur l'évolution de la Communion et de l'anglicanisme.

C'est ainsi que les conférences de 1978 et 1988 ont entériné la possibilité pour certaines églises de communion d'ordonner des femmes comme Diacres, Prêtres puis comme Evêques. En 1998 est affirmé que « la pratique homosexuelle est incompatible avec l'Écriture », tandis que la conférence de 2008 voit les églises de la communion très divisées, de nouveau sur la question de l'homosexualité.

b) Le Conseil Consultatif Anglican

Ce Conseil assure, depuis 1968, des réunions à intervalles de deux ou trois ans entre représentants des évêques, du clergé et des laïcs de toute la Communion. Il tend à prendre un rôle de plus en plus important.

c) La Conférence des Primats Anglicans

La Conférence des Primats se réunit tous les deux-trois ans environ depuis 1978.

d) Liturgie

Le *Livre de la prière commune (The Book of Common Prayer* (1549).

La Communion anglicane ne possède pas de liturgie uniforme, cependant le *Livre de la prière commune* sert de référence commune. Depuis sa première édition en 1549 (la première version de 1544 était moins marquée par la Réforme), sous la présidence de l'Archevêque de Canterbury Thomas Cranmer, il a subi de nombreuses révisions (notamment en 1559 et 1662), traductions et adaptations locales par les églises-sœurs.

Signalons un fait intéressant pour les francophones membres du Commonwealth ou encore représentants d'anciennes colonies anglaises, le *Livre de la prière commune* a été traduit en français en 1662 par le Jersiais Jean Le Vavasseur.

4. Ministères et sacrements dans l'anglicanisme

Précisons que les églises Anglicanes ont conservé les trois ministères de l'Eglise primitive, à savoir : ***diaconat, prêtrise et épiscopat***. Et selon la doctrine fondatrice , les églises Anglicanes célèbrent deux sacrements : ***le baptême et l'Eucharistie***, ainsi que cinq autres rites sacramentaux : la confirmation, le mariage, l'onction des malades, la confession et l'ordination. Seuls les premiers sont en effet réputés avoir été établis par le Christ lui-même et témoigner de l'adhésion pleine à la religion.

Nous pensons par excellence à notre niveau, que le mariage serait aussi considéré comme aussi un sacrement, car à travers ce dernier on trouve les occasions à administrer les deux sacrements précédents, soutenir donc l'idée de la Professeur MUJIJIMA MACHUMU.

5. Les caractéristiques de l'anglicanisme

On peut retenir de l'Anglicanisme les principales caractéristiques suivantes : les Saintes Ecritures, la tradition et la raison comme base de l'autorité doctrinale. Le livre de la prière commune est considéré comme un document officiel du culte ; la via media comme style de vie, l'engagement œcuménique comme mode d'action, la catholicité et le protestantisme comme guides et l'épiscopat comme mode d'organisation ecclésiastique.

1. Les Saintes Ecritures, la tradition et la raison comme base de l'autorité doctrinale

L'Anglicanisme considère les Saintes Ecritures, la tradition et la raison comme les jalons fondamentaux de sa doctrine. Les lignes qui suivent expliquent à quel point chacun de ces jalons est compris.

2. Les Saintes Ecritures

Les saintes Ecritures constituent le fondement principal de la doctrine de l'Eglise Anglicane. Elles constituent l'autorité suprême en matière de doctrines et, ni la tradition, ni la raison ne sauront les remplacer. La parole révélée de Dieu est suffisante pour le salut, elle enseigne toutes les vérités au sujet de la relation entre Dieu et l'homme en ce qui concerne le salut du monde.

Les saintes Ecritures dont on parle ici sont les livres canoniques de l'Ancien et du Nouveau Testament sur l'autorité desquels il n'y jamais eu de doute dans l'Eglise. Il s'agit des livres retenues par le premier canon de la Bible. Quant aux livres deutéron canoniques, « l'Eglise les lit pour en tirer des modèles des conduites, ainsi que des règles pour les mœurs.

Cependant elle ne les fait pas pour se servir de fondement à aucune doctrine ».

La Bible n'est pas sacrée, elle est plutôt Sainte. L'Eglise Anglicane encourage chacun de ses membres à posséder sa propre Bible.

Elle les invite constamment à la lecture et à la méditation de la parole de Dieu. Pour les Anglicans, la Bible doit être interprétée de façon à s'adresse aux auditeurs dans leur situation actuelle. Pour cela elle doit être lue et comprise avec l'éclairage de la tradition et de la raison.

3. La tradition

Chez les Anglicans, la tradition désigne plus particulièrement l'enseignement des pères apostoliques et celui des pères de l'Eglise. L'Eglise fait recours à leurs enseignements par le fait que, d'une part, la plupart d'entre eux ont été des témoins oculaires des apôtres de qui, ils ont reçu le témoignage encore frais de la vie, de la mort et de la résurrection de Jésus - Christ. Ce sont les Pères qui ont su défendre la saine doctrine face aux multiples hérésies de leur temps. D'autres part, la vie des Pères de l'Eglise et celle de l'Eglise inspiratrice pour les chrétiens de tous les temps et surtout pour les leaders de l'Eglise.

Leur dévouement pour la cause du Christ témoignage de leur fidélité à la parole de Dieu. Certains d'entre eux ont sacrifié leurs vies jusqu'au supplice suprême.

Par tradition, les Anglicans entendent également les lois, les coutumes et les rites acquis au cours des âges et qui sont des compléments indispensables pour la bonne compréhension de Saintes Ecritures et la pratique chrétienne.

Ces lois, coutumes et rites se référent d'une certaine façon à l'Ecriture proprement dite, car ils reflètent la tradition, de message et la foi des Pères de l'Eglise sous l'impulsion du Saint –Esprit.

Cependant, l'usage de la raison conduit les anglicans à interroger la tradition à chaque instant tout en s'efforçant de la garder des générations en générations. Il y a, en même temps, la volonté de maintenir la tradition de l'église et la possibilité de l'abandonner si nécessaire.

Comme dit Dirokpa Balufuga, « la tradition ne peut pas être imposée comme une loi immuable à toutes les situations futures de l'église ».

4. La raison

La foi et la raison sont comme les deux ailes qui permettent à l'esprit humain de s'élever vers la contemplation de la vérité. C'est Dieu qui a mis au cœur de l'homme le désir de connaitre la vérité et, au terme de la connaitre lui-même afin que, le connaissant et l'aimant, il puisse atteindre la pleine vérité sur lui-même » (Jean Paul II,P3). (Exode 33 : 18, Ps 27, 8-9 ; 63-2-3, Jean 14 : 8 1 Jean 3,2). L'être humain est naturellement doté de rationalité, la fin en vue de laquelle il pose ou doit poser une action.

Pendant que les réformateurs protestants tiennent au principe de « *sola scrupture* », les Anglicans, eux, croient qu'il faut également tenir compte de la tradition et de la raison.

Pour Richard Hooker : la raison n'est pas seulement utile pour mieux comprendre l'écriture, mais elle permet aussi de décider sur certaines choses qui ne sont pas clairement explicitées dans l'écriture. (R. Hooker, cité par Mc Grande art. cit P. 115).

L'apport de la raison voulu par ces penseurs anglicans ne veut pas dire qu'il faut soumettre toute la révélation scripturaire au crible de la raison sur base des principes de la critique scientifique moderne de la Bible. En fait, il ne s'agit pas de la raison comme on l'entendait au siècle de lumière, mais de la « droite et divine raison » qui permet à l'homme de comprendre les choses de Dieu, qui éclaire le sens de certains passages obscurs de l'Ecriture. Qui engage la responsabilité sous le guide du Saint-Esprit.

6. Les tendances dans l'anglicanisme

L'Eglise Anglicane est, en effet, caractérisée par différents courants théologiques comportant parfois une nette distinction des pensées théologiques et doctrinales et de la pratique liturgique elle-même.

Il y a principalement quatre tendances : ***La Haute Eglise, la Basse Eglise, l'Eglise large et la tendance charismatique.***

A. La via media comme style anglican

D'une manière vulgaire, on définit la *via media* comme le « middle way » ou « le chemin du milieu » entre le catholicisme romain et l'une ou l'autre forme du protestantisme. Mais, en réalité, elle est plus que cela. C'est une position d'équilibre entre différents facteurs basés sur un compromis et une concession mutuelle.

Dans ce sens, *la via media* s'oppose à tout extrémisme et à tout radicalisme. Elle invoque le souci et l'amour de compromis, de modération et de mesure dans la vie. Dans la prière faite en mémoire du fondateur de cette voie on prononce ce qui suit :

Dieu de vérité et de Paix, qui a fait venir au monde ton serviteur Richard Hooker pendant le moment de controverse amère pour défendre cette religion à la fois catholique et reforme. Fais que nous puissions maintenir cette voie du milieu, pas comme compromis pour chercher la paix, mais comme une attitude de la recherche de la vérité. En Jésus-Christ, notre seigneur, qui vit et règne avec toit et le Saint-Esprit un seul Dieu pour le siècle des siècles.

Par ailleurs, il importe de signaler que le point de vue mystique de l'esprit de synthèse des anglicans conçoit la via media comme une opportunité capable de réconcilier ceux qui s'opposent et de transcender les conflits. Dans ce sens, la via media est une vision, une passion.

B. L'engagement œcuménique comme mode d'action

Les anglicans sont fiers d'avoir contribué à la promotion de l'œcuménisme dans le monde. John Pobée ne cache pas sa satisfaction, lorsqu'il constate que certaines grandes figures du mouvement œcuménique de ce siècle sont des

Anglicans. C'est le cas des Archevêques comme Willian Temple, Michael Ramsey, Geoffrey Fisher et les autres.

Pour Njojo Byankia, l'Eglise anglicane adhère au mouvement œcuménique essentiellement pour trois raisons : d'abord c'est pour bénéficier des avantages de cette organisation, notamment le support financier, ensuite c'est pour tenter de remédier à la tragédie des divisions entre les églises, et enfin, c'est pour vivre concrètement l'unité des chrétiens de différentes traditions chrétiennes.

En plaidant pour l'œcuménisme, la vocation de l'Eglise Anglicane du Congo n'est pas d'abord celle de faire de tout le monde des Anglicans. C'est plutôt vouloir faire de l'Eglise un agent de Dieu pour la réconciliation de toutes choses avec lui en Jésus-Christ. Dans le contexte congolais actuel, avec tous les conflits et/ou tout simplement les clivages ethniques, raciaux et sexuels l'œcuménisme se présente comme un impératif de l'Evangile. ***Nous devons prêcher l'unité de tous les chrétiens et non les dénominations.***

C. La catholicité comme guide

L'Eglise Anglicane se dit appartenir à l'Eglise Catholique qui a commencé à la pentecôte et qui continue jusqu'à ce jour suivant le principe de la succession apostolique. A l'occasion de chaque célébration eucharistique, les fidèles récitent le symbole de Nicée où ils affirment croire à « l'Eglise une, sainte, catholique et Apostolique ».

Rechercher la catholicité de l'église ne veut pas dire se conformer à une quelconque organisation ecclésiastique selon une culture donnée, c'est plutôt s'efforcer de garder l'unité de l'esprit tout reconnaissant la diversité et la valeur des cultures, des traditions et des expériences des autres. C'est vivre les principes protestants de la « pluralité » et de la « liberté » dans l'unité.

D. Le Protestantisme comme guide

L'Eglise Anglicane est une Eglise catholique reformée. A ce titre, elle est une église protestante. Cependant, le recours à la tradition et à la raison montre que les Anglicans, généralement fidèles au principe de la liberté d'interprétation, adaptent une approche plus large dans l'interprétation des Saintes Ecritures. Ils sont, par ailleurs, conscients du risque de dérapage dans cette liberté. Cependant, le souci est celui de faire une lecture contextuelle de Saintes Ecritures afin que la parole de Dieu soit expérimentée comme un Evangile d'espoir pour chaque peuple.

Même si les Anglicans congolais savent que toutes les activités du culte sont nécessaires (l'adoration, la louange, l'intercession, la lecture de la parole…), on entend souvent l'officiant du culte dire : « maintenant sous arrivons au moment important du culte, la prédication de la parole … ».

L'importance accordée à la prédication se justifie par le fait qu'en principe, c'est une prérogative du plus gradé parmi les serviteurs qui le fait, si non, un subalterne le fait par autorisation de celui-ci.

E. L'Episcopat comme mode d'organisation ecclésiastique

L'épiscopat anglican est différent de celui des catholiques romains. L'Archevêque de Canterbury comme le premier parmi ses pairs évêques sert à l'Eglise Anglicane comme chef spirituel. Il est le symbole de l'unité de la communion. Bien que primat de l'Eglise Anglicane, l'Archevêque de Canterbury n'a pas d'autorité réelle sur les Eglises nationales ou provinces ecclésiastiques. Même si les évêques ont du respect pour ses déclarations, ils n'ont aucune obligation de les appliquer. L'Archevêque de Canterbury n'a donc aucun pouvoir de commandement ou de publication des documents ayant force de loi, comme c'est le cas du Magistère romain. Il n'ya pas de gouvernement central dans la communion Anglicane.

Néanmoins, le Conseil Consultatif Anglican, l'un des organes du bureau de l'Archevêque de Canterbury, reste un organe de conception et d'orientation en ce qui concerne le développement, les discussions théologiques, la doctrine et la liturgie.

Toutefois, les documents issus de ce conseil, qui réunit, tous les deux ans, les membres représentant toutes les provinces de la Communion Anglicane (Evêques, Prêtres et Laïcs), n'ont qu'une valeur suggestive que chaque province ou Diocèse est libre d'appliquer, modifier ou de rejeter.

D'autres organes sont aussi placés sous la supervision de l'Archevêque de Canterbury, comme la réunion des primats qui a lieu chaque année et la conférence de Lambeth qui se réunit tous les dix ans. L'article 122 de la conférence de Lambeth de 1988 stipule ce qui suit :

Les quatre institutions : l'Archevêque de Canterbury, la Conférence de Lambeth, le Conseil Consultatif Anglican et la réunion des Primats- Communion Anglicane expriment leur unité et leur communion et jouissent de leur interdépendance aujourd'hui.

Comme chez les Catholiques romains et les Orthodoxes, il y a une hiérarchie dans l'organisation de l'Eglise Anglicane.

En Ordre décroissant, on retrouve un Primat, des Archevêques, des Evêques, des Prêtres, des Diacres, des Evangélistes, les Catéchistes et les Anciens.

L'Evêque est cependant la seule autorité à l'intérieur de son Diocèse. Cependant, l'Evêque ne prend pas ses décisions seul, mais au cours d'un Synode Diocésain comprenant l'Evêque, les Clergés et certains Laïcs élus dans chacune des Paroisses.

Dans l'Eglise Anglicane, la vraie responsabilité d'enseigner et de sauvegarder l'authenticité de la doctrine revient donc à l'Evêque du Diocèse et son Synode. C'est la raison pour laquelle les Anglicans voient en l'évêque le garant de la saine doctrine et de la foi. Il est le symbole de l'unité et de la continuité pour la vie des communautés chrétiennes. Il joue à ce tire le rôle de surveillant d'enseignant et de théologien. Assisté de son synode diocésain, l'évêque est libre d'instaurer la liturgie qui convient le mieux à ses fidèles, comme garant de la foi, il a à se prononcer en matière doctrinale.

Par amour, il ne devrait, toute fois, pas négliger le point de vue des autres institutions de la communion anglicane, comme la province ecclésiastique qui est la véritable Eglise locale ou nationale avec son archevêque entête et dont il fait partie, ou les autres organes collaborant avec l'Archevêque de Canterbury.

III. EGLISE

Une Eglise est une communauté locale, une institution qui regroupe les chrétiens d'une même confession. Communauté de fidèles qui professent leur foi en Jésus-Christ.

Le mot « église » vient du latin *ecclesia*, issu du grec *ekklesia* (ἐκκλησία), qui signifie assemblée. Lui-même issu du verbe *ekkaleô*, « convoquer, appeler au-dehors ». Les chrétiens latinophones ont adopté le terme sous la forme *ecclesia.*

Dans la Septante, version grecque de la Bible hébraïque datant du IIe siècle av. J.-C., le mot grec *ekklesia* (église) désigne une assemblée convoquée pour des raisons religieuses, souvent pour le culte.

Dans cette traduction, le mot grec *ekklesia* correspond toujours à l'hébreu *qahal* qui, lui, est cependant parfois aussi traduit par *synagôgè* (synagogue). Pour le judaïsme du premier siècle, *ekklesia* évoque immédiatement la synagogue, à comprendre comme l'assemblée de Dieu.

Les mots « église » et « synagogue » étaient ainsi considérés comme deux termes synonymes. Ils ne prendront un sens différent que parce que les chrétiens s'approprieront le mot église, réservant ainsi celui de synagogue aux assemblées des juifs qui refusent le christianisme et dont ils se distinguent de plus en plus clairement.

Le terme Eglise n'est employé que deux fois dans les Evangiles, deux occurrences qui se trouvent en Matthieu. Jésus dit à Simon-Pierre : *« Et moi, je te dis que tu es Pierre, et que sur cette pierre je bâtirai mon Eglise, et que les portes du séjour des morts ne prévaudront point contre elle. » (Matthieu 16:18). Dans un autre passage de Matthieu, « l'Eglise »est la communauté des croyants en Jésus-Christ à laquelle on appartient : « S'il refuse de les écouter, dis-le à l'Eglise; et s'il refuse aussi d'écouter l'Eglise, qu'il soit pour toi comme un païen et un publicain. » (Matthieu 18:17).*

Le terme église est beaucoup plus fréquent dans les autres textes du Nouveau Testament et désigne parfois les communautés locales, parfois l'Eglise dans son ensemble. Si le terme *ekklesia* est très fréquent dans les Actes, les épîtres et l'Apocalypse, son emploi ne s'y répartit pas régulièrement.

***L'église, dans son sens premier, est dans le christianisme l'assemblée des croyants*.**

Le Nouveau Testament l'emploie aussi bien pour désigner une communauté locale que l'ensemble des croyants dans le Christ.

Le mot *Eglise* s'écrit avec une majuscule y compris au pluriel quand il désigne une ou des institutions, contrairement à l'*église*, lieu de culte qui désigne, à partir du IIIe siècle, le bâtiment où une communauté se réunit.

Une Eglise a un caractère universaliste ; on y appartient de naissance sans qu'il soit besoin de conversion ou de démarche personnelle. Une Église admet les tièdes, contrairement à la secte qui demande un engagement personnel. Que dire des ministères dans l'Eglise ?

III.0. LES MINISTERES DANS L'EGLISE

1. Introduction

Voici un mot qui donne lieu à de nombreuses interprétations, car souvent sa véritable signification est méconnue, alors il n'est pas toujours employé à bon escient.

Certains en font une fonction cléricale, intouchable, auréolée de pouvoirs infaillibles et d'une autorité qui peut aller jusqu'à "l'abus de pouvoir". Nombres 16:1-3.

2. Le ministère

Pour avoir une juste définition du mot "ministère" il est nécessaire de focaliser son regard sur les Ecritures, la Bible, Parole inspirée de Dieu. Si nous sortons de cette référence divine, nous nous égarons dans des concepts religieux et traditionnels.

C'est oublier qu'il a fallu que Dieu envoyât dans notre monde son propre Fils, comme un simple homme afin de nous sauver. Il lui a formé un corps. Hébreux 10.5.

En tout temps, Dieu s'est servi d'hommes et de femmes, qu'il a choisis, appelés et établis dans divers "services", pour accomplir ses œuvres sur la terre et cela c'est un grand honneur pour nous. Même si les serviteurs et les servantes restent des instruments fragiles, car des êtres humains, il est réconfortant de constater tout ce que Dieu peut faire avec eux.

Ce qu'il attend de ceux qu'il utilise, c'est qu'ils soient fidèles : **« Du reste, ce qu'on demande des dispensateurs, c'est que chacun soit trouvé fidèle." 1 Corinthiens 4:2 ».**

D'une manière générale tous ceux qui ont cru au Seigneur Jésus-Christ sont appelés à servir Dieu, ils forment un peuple de serviteurs :

« Vous vous êtes convertis à Dieu, en abandonnant les idoles pour servir le Dieu vivant et vrai. 1 Théssalonien 1:9 ».

3. Le sens du mot "ministère"

Le but de cette étude est de développer la notion du service dans l'Eglise de Jésus-Christ en général et dans les églises en particulier.

Bien plus, dans le Nouveau Testament, le mot "ministère" est la traduction de "diakonia", du verbe grec "diakoneô" qui signifie "servir". A partir de là, le mot "ministère" s'applique à toutes les formes du service concernant l'Eglise, depuis le ministère d'apôtre jusqu'à la tâche la plus humble, comme "laver les pieds des saints". 1Timothée 5.10

Il faut donc démystifier le terme "ministère" pour lui redonner sa véritable signification : "servir". C'est alors que, nous comprendrons, dans le sens le plus large, toute l'étendue "des services" que ce mot recouvre.

4. Sortes des ministères

Nous distinguons, dans le Nouveau Testament, plusieurs formes de ministères ou services :

- les ministères de la Parole (Actes 6.4)**,**

Ce sont les ministères nommés dans Éphésiens 4: des apôtres, des prophètes, des évangélistes, des pasteurs-bergers, des docteurs (enseignants). Ils sont au service de la Parole de Dieu, pour l'annoncer, l'enseigner, la prêcher, afin d'édifier l'ensemble du Corps de Christ, c'est à dire tous ses rachetés qui sont devenus ses disciples et forment "son Eglise".

- le ministère, ou service des Diacres

Ils exercent leur fonction dans l'église locale. Ils ont souvent des responsabilités administratives ou matérielles.
Leurs qualités spirituelles et morales doivent correspondre à ce que Paul écrit dans 1Timothée 3.8-10.
Les 7 hommes choisis pour veiller aux besoins des veuves et des pauvres de l'Eglise de Jérusalem, étaient diacres, selon les mots utilisés pour les désigner : "service", diakonia, et "servir", diakoneô, Act. 6.1, 2.

- le ministère, ou service de Secourir.

Et Dieu a établi dans l'Eglise, premièrement des apôtres, secondement des prophètes, troisièmement des docteurs, ensuite ceux qui ont le don des miracles, puis ceux qui ont les dons de guérir, ***de secourir****, de gouverner, de parler diverses langues 1Corinthiens 12:28.*
En effet, le don de secourir se distingue du simple service que l'on attend de tous par l'efficacité spirituelle de son action, par la joie avec laquelle il est pratiqué et surtout par les fruits spirituels qu'il produit : réconfort, encouragement de ceux

auxquels l'aide est apportée, actions de grâces envers Celui qui a inspiré ce secours. 2 Corinthiens 9.12-14.

- le ministère, ou service dans différentes activités de l'église : Direction des Assemblées, Musique, Organisation, ...

A part "celui qui préside" dans les assemblées, ces "services" ne sont pas spécifiquement mentionnés dans le Nouveau Testament, mais je crois qu'il s'agit d'activités qui se pratiquent de façon ponctuelle ou régulières, en fonction des situations ou des circonstances.
Par ailleurs, les musiciens et les chanteurs, qui entraînent à la louange, apportent une dimension plus élevée aux chants, lorsqu'ils sont oints du Saint-Esprit. Nous aspirons à voir des musiciens et chanteurs qui apportent une dimension prophétique, dans nos rassemblements et pas seulement une ambiance musicale ou artistique. Psaume 68.24-26.

- Ceux qui Assistent d'autres ministères :

Dans Luc 8:3 : Jeanne, femme de Chuza, intendant d'Hérode, Susanne, et plusieurs autres, qui l'assistaient de leurs biens.
Bien plus dans Romains 16.1. Je vous recommande Phoebé, notre sœur, qui est diaconesse de l'Eglise de Cenchrées, afin que vous la receviez en notre Seigneur d'une manière digne des saints, et que vous l'assistiez dans les choses où elle aurait besoin de vous, car elle a donné aide à plusieurs et à moi-même.
En fin, dans Philippiens 4.2 : Evodie et Syntyche, qui ont combattu pour l'Evangile avec Paul, et avec Clément et mes autres compagnons d'œuvre, dont les noms sont dans le livre de vie.

- Comme celui qui Sert

Partant de tout ce qui précède, nous comprenons donc bien la véritable signification du mot "ministère" : c'est "être au service" de ceux qui ont cru ou qui vont croire et surtout au service de Dieu et du Seigneur Jésus-Christ, le Chef de l'Eglise. En le comprenant, il est plus facile pour chacun de trouver sa place comme un membre du Corps de Christ uni aux autres membres ; 1 Corinthiens 12.

Afin de nous rappeler sans cesse à la modestie, gardons dans notre esprit la pensée que quel que soit le service que nous exerçons, nous demeurons "des serviteurs". *Jean 13:2-17.*

En réalité, quelque que soit la forme du service que nous pratiquons parmi nos frères et nos sœurs, nous sommes au service de notre Maître Jésus. *Car quel est le plus grand, celui qui est à table, ou celui qui sert ? N'est-ce pas celui qui est à table ? Et moi, cependant, je suis au milieu de vous comme celui qui sert. Luc 22:27.*

-Des Apôtres

Le ministère d'apôtre a été créé et établi par le Seigneur Jésus-Christ, lui-même :

En ce temps-là, Jésus se rendit sur la montagne pour prier, et il passa toute la nuit à prier Dieu.

Quand le jour parut, il appela ses disciples, et il en choisit douze, auxquels il donna le nom d'apôtres ... Luc 6.12/13

Jésus a choisi des hommes auxquels il a donné le nom d'apôtre, ce qui signifie envoyé : apostolos : apôtre = "envoyé en avant, messager, ambassadeur"

Dans l'Ancien Testament, le verbe "envoyer" est la traduction du mot hébreux : chalaH et dans le Nouveau testament il s'agit du verbe grec : apostellô qui a donné apostolos, littéralement : l'envoyé.

Le sens général du mot "chalaH" est : "chargé de mission". C'est le sens qui lui est donné en Exode 23.20 et en Genèse 24.7

-Des Prophètes

Il faut distinguer le ministère de prophète et le don de prophétie. Le principe est le même pour les deux concernant la communication de l'Esprit de Dieu, mais le ministère de prophète est plus complet, plus étendue aussi en ce qu'il s'exerce dans l'ensemble des églises et parfois en dehors.

En effet, la Bible est très explicite concernant les prophètes. Nous voyons comment Dieu les appelle, leur parle, se révèle à eux et les envoie. Ils sont porteurs des révélations divines en faveur des hommes ou des femmes en particulier ou des églises.

Nous voyons par les Ecritures la différence entre "le don de prophétie" et "le ministère de prophète".

Le don de prophétie est un don d'inspiration se manifestant dans les cadres d'une église, selon 1 Corinthiens 14.

Tandis que le ministère de prophète est donné par le Seigneur à des personnes que Dieu appelle et envoie avec une mission précise, vers des individus, un peuple, un groupe, une église ou un ensemble d'églises.

Il est donné pour l'Eglise en général, quoiqu'il puisse aussi être exercé à l'égard des gens du dehors, pour porter le message de Dieu à de simples personnes ou à des grands de ce monde, rois, présidents, gouvernants, etc.

Le prophète c'est le héraut de Dieu. C'est lui qui dans un premier temps se tient comme une sentinelle, qui veille, pour écouter ce que Dieu va dire, puis dans un second temps va se tenir devant ceux à qui la Parole est destinée pour la leur communiquer.

J'étais à mon poste, Et je me tenais sur la tour ; Je veillais, pour voir ce que l'Eternel me dirait ... Habakuk 2:1.

Le prophète peut être un homme ou une femme : Un Élie ou une Déborah. Juges *4.4* – Un Samuel ou une Hulda. *2 Rois 22.14* - ou même un adolescent : ex. Le jeune Samuel.

1Samuel 2:26; 3:19,20

Dans l'ancienne alliance, Dieu envoie régulièrement ses prophètes à son peuple, ou à un roi ou à une personne en particulier, dans le but de délivrer un message important pour encourager, reprendre, avertir.

Dans la Nouvelle Alliance, les prophètes sont établis par Dieu dans l'Eglise. *1 Cor. 12.28 Éphésiens 4.11.*

-Des Evangélistes

Selon la définition du mot grec : l'évangéliste est un messager porteur de Bonnes Nouvelle. Dans le Nouveau Testament, ce nom est donné à ceux qui annoncent la Bonne Nouvelle de Jésus-Christ, tel Philippe l'évangéliste.

L'annonce de la Bonne Nouvelle ne concerne pas uniquement des évangélistes, mais tous ceux qui rachetés par le Seigneur Jésus-Christ, sont ses disciples et ses témoins : Actes 8:25, Timothée4.5, **Actes 11:20**, Psaumes 68:11

2 Timothée 4:2 et Éphésiens 4.11, …

-Des Pasteurs ou Anciens

Dans une lettre que l'apôtre Paul écrit a Timothée, il parle "des anciens qui dirigent".

(1 Timothée 5:17) et lorsque nous examinons leur ministère, nous constatons qu'ils sont en réalité les Pasteurs, les conducteurs, les gouvernants, des églises dans lesquelles ils ont été établis.

Dès le début, les apôtres ont établi des anciens dans chaque église.

Actes 14:23 . Éphésiens 4.11, 1 Timothée 3.1., Tite 1.5.

-Des Docteurs, ceux qui enseignent

L'apôtre Paul dans sa lettre aux disciples de Rome écrit :

Puisque nous avons des dons différents, selon la grâce qui nous a été accordée, que celui qui a le don de prophétie l'exerce selon l'analogie de la foi; que celui qui est appelé au ministère s'attache à son ministère; ***que celui qui enseigne***

s'attache à son enseignement*, et celui qui exhorte à l'exhortation. Romains 12.6/8.*

Lorsque Jésus a envoyé ses disciples il leur a donné deux missions principales : **Evangéliser** et **Enseigner**. Matthieu 28.20*, Jean 8:31 . Actes 2:41,42.*

-Ceux qui Président

Parmi les divers dons et ministères qui sont nécessaires à l'édification des églises, nous trouvons une fonction qui permet d'assurer le bon déroulement des assemblées ou réunions des églises : la présidence. *Romains 12:8 , Genèse 1:16-18.*

-Le ministère Féminin

Beaucoup de choses ont été déjà dites, des bonnes et des moins bonnes, concernant la place des femmes dans l'œuvre de Dieu. Beaucoup de polémiques surgissent à propos de la participation des femmes à certaines activités dans les églises.

Cependant, il est important de souligner que l'on voit de plus en plus de femmes diriger les chants, donner des exhortations, conduire des réunions de prières et certaines églises ont établi des femmes pasteurs, sans compter le nombre impressionnant de "prophétesses".

Non seulement la prédication, l'enseignement, le ministère pastoral sont interdits aux femmes dans certaines églises, mais aussi des tâches très simples comme la collecte des offrandes et la distribution de la sainte cène. On en a fait de cette dernière une célébration avec un rituel bien précis, alors que dans les églises du Nouveau Testament elle était prise au cours du souper, quelqu'un rendait grâce pour le pain qui était partagé entre les participants et pour la coupe qui passait de lèvres en lèvres. Il n'est pas spécifié si c'était des hommes ou des femmes qui prononçaient l'action de grâce, mais je ne vois pas en quoi les femmes en seraient privées. *2 Rois 22.14. Actes 2.17/18Actes 18.26* - Phil. 4.3. *Tite 2.3/5.*

Bref, aujourd'hui, des femmes prêchent, évangélisent, président à l'instruction des enfants dans l'église et à l'exhortation d'autres femmes. Certaines sont pasteurs, professeurs de théologie dans les instituts bibliques.

<u>Quelques versets bibliques par rapport à l'Eglise.</u>

Matthieu 18:201, Jean 1:3, Actes 2:42-47, Hébreux 10:25Hébreux 13:17, Actes 20:17,...

IV. CHRETIEN

Nous sommes dans un monde de confusion où, très souvent, tout le monde est sauvé ; où toutes les religions ne seraient qu'une expression de la vérité ; où le principal est de croire en Dieu, chacun à sa manière.

Aujourd'hui particulièrement, on ne voit pas pourquoi on ne serait pas sauvé, chacun selon sa perception... Si l'on croit à l'existence de Dieu, cela semble suffisant pour se dire que l'on est chrétien ? Ou ce qui est suffisant, c'est d'avoir été baptisé pour être sauvé ; est-ce le critère que Dieu donne dans sa Parole ?

Le fait d'appartenir à une famille qui était pratiquante ou d'être dans un pays qui se dit chrétien suffit à croire qu'on l'est. On ne sait pas, on ne sait plus... Mais on ne se pose plus la question sur ce qu'est le véritable chrétien.

En effet, le chrétien, c'est, très souvent, celui qui fait le bien, qui n'a pas commis de gros péchés, qui est pour le droit des opprimés. Aller au culte ou à la messe semble être aussi une marque essentielle de celui qui est chrétien.

C'est pour cela que nous proposons d'approfondir ce que Dieu dit dans sa Parole sur cette question : « Qui est chrétien ? », ces quelques points nous aideront à le connaitre.

1. L'accent est mis sur la foi

« Je vous ai écrit pour que vous sachiez que vous avez la vie éternelle, vous qui ***croyez au Fils de Dieu*** » (1 Jn 5v13). Celui qui est chrétien est celui qui « *croit* que Jésus est le Fils de Dieu » (5v5).

Déjà dans l'Evangile, Jean avait affirmé : « Ces choses ont été écrites pour que vous *croyiez* que Jésus est le Christ, le Fils de Dieu, et qu'en *croyant* vous possédiez la vie en son nom » (Jean 20v31).

En français, « croire » marque la certitude ou... l'incertitude ! Mais le sens du Nouveau Testament parle d'une ferme confiance.

Jésus a affirmé : « Qui *place sa confiance* dans le Fils a la vie ; qui ne place pas sa confiance dans le Fils ne connaît pas la vie : il reste sous le coup de la colère de Dieu » (Jean 3v36).
Bien plus, il est nécessaire de croire que Jésus n'est pas qu'un homme, même le plus parfait, mais de croire que **Jésus est Dieu** : c'est ce qu'implique l'expression « Fils de Dieu ». « Les juifs cherchaient à faire mourir Jésus parce qu'il appelait Dieu son propre Père et se faisait ainsi l'égal de Dieu » (Jean 5v18).

2. La notion d'intégration, d'union entre l'être humain et Dieu

« Si nous disons que nous sommes en *communion avec lui* et que nous marchons dans les ténèbres, nous mentons » (1 Jean 1v6) : si nous vivons manifestement loin de Dieu, nous ne pouvons pas penser que nous sommes chrétiens, « en *communion avec lui* ». L'affirmation contraire est vraie : **l'*union* avec le Seigneur fait d'une personne un chrétien**.
C'est le même enseignement donné par Paul : « *Celui qui est uni au Christ est une nouvelle créature. Cela est l'œuvre de Dieu qui nous a réconciliés avec lui par le Christ* » (2 Corinthiens 5v17-18). On est un chrétien quand on a reçu de Dieu sa vie et quand on est réconcilié avec lui ; et cela n'est possible que par ce que Christ a fait à la croix où il a pris nos fautes.
« Croire dans » parle d'une *communion* : l'objet de la foi est Jésus ; cela signifie que le chrétien est celui qui est « *en lui* ».
Les religions ont inventé les actes pour Dieu pour penser être sauvé ; Dieu, dans sa Parole, affirme qu'il faut être *uni à lui* ; et cela est possible quand on place sa confiance en lui. Le nom, c'est la personne : avoir la vie éternelle est lié à *l'union avec Jésus-Christ* et découle de la confiance en lui.
Une autre réalité qui est proche de la précédente est le fait de « ***connaître Dieu*** » (1 Jean 2v3, 2v13, 4v7-8).

Dans la Bible, cette connaissance est celle du couple et parle de l'union et de l'intimité des deux conjoints. On est chrétien quand on connaît Dieu, c'est-à-dire quand on vit dans une relation d'intimité avec lui.

3. A travers *l'œuvre de Dieu* dans l'être humain

« Si quelqu'un reconnaît que Jésus est le Fils de Dieu [c'était la partie précédente], Dieu demeure en lui » (1 Jean 4v15). Ou encore : « Celui qui croit que Jésus est le Christ [première partie] est né de Dieu » (5v1). **L'œuvre de Dieu est de venir habiter en nous en nous faisant naître à sa vie.**
Il nous donne la vie (qui est plus que l'existence) et cela en nous faisant *renaître.* Le chrétien est celui qui **« est né de Dieu »** (1 Jean 3v9, 4v7) ; cela appuie ce que Jésus disait à Nicodème : « Vraiment, je te l'assure : à moins de *renaître d'en haut*, personne ne peut voir le royaume de Dieu » (Jean 3v3).
Celui qui connaît cette **nouvelle naissance** « est passé de la mort à la vie » (1 Jean 3v14). Nous sommes alors « ses enfants », lui qui nous a fait naître à sa vie : « Voyez combien le Père nous a aimés, pour que nous puissions être appelés enfants de Dieu et nous le sommes » (1 Jean 3v1).
Le chrétien est celui qui est né de Dieu, qui est son enfant et qui peut appeler Dieu « Père, papa ». Le changement n'est donc pas seulement théorique et personnel, il parle de l'action de Dieu qui fait alors connaître sa vie.
Quel privilège de savoir que ce n'est pas notre travail mais que cela dépend de l'œuvre de Dieu en nous.

4. c'est le fait « d'être *dans la lumière* »

Qu'est-ce que cela signifie ? C'est être devant ce Dieu qui est lumière et qui éclaire notre **vie**. Nous vivons alors dans la lumière, dans la pureté : « Nous vivons *dans la lumière* ; parce que Jésus a versé son sang, nous sommes purifiés de tout péché » (1v7). Quelqu'un est chrétien quand il est pardonné de ses péchés. Tout est clair pour lui alors.

Jésus a dit : « Je suis la lumière du monde. Celui qui me suit ne marchera pas dans les ténèbres : il aura la lumière de la vie » (Jean 8v12).

- Celui en qui « Dieu *demeure* »
- Le chrétien a la certitude que le Seigneur vit en lui et qu'il a fait sa demeure en lui, et cela pour l'éternité. Le chrétien sait que Dieu est pour toujours avec lui, malgré sa faiblesse, à cause de l'œuvre de Christ. (1 Jean 3v24, 4v12-13).

Quelques versets sur le chrétien

Éphésiens 5:2, 1 Corinthiens 1:10, Romains 12:5, 2 Corinthiens 4:16,...

V. LA PRIERE

La prière n'est que le fait de parler, de communiquer avec Dieu, ou toute personne.

1. POURQUOI PRIER ?

Tout d'abord pour *nous approcher de Dieu* et communiquer avec Lui.
L'épître aux Hébreux est riche de ce verbe « approcher ». Nous nous approchons avec confiance du trône de la grâce (4:16). Nous nous approchons de Dieu par Christ qui intercède pour nous (7:25).
Nous nous approchons par le chemin nouveau et vivant (10:19-22). Mais, nous déclare Hébreux 11:6 : « Il faut que celui qui s'approche de Dieu croie que Dieu est ».
Celui dont la foi est peut-être très faible, mais qui a conscience de l'existence de Dieu, peut déjà s'approcher de Lui.
Voyons maintenant dans *quels buts* nous nous approchons de Dieu.

1.1 Remercier et adorer

L'incrédule ne rend pas grâces à Dieu (Rom. 1:21), tandis que le premier mot d'un nouveau-né dans la foi n'est-il pas : Merci Seigneur ? « Rendre grâces au Père qui nous a rendus capables de participer au lot des saints dans la lumière » (Col. 1:12).
Aussi, les actions de grâces sont-elles pour ainsi dire la toile de fond de toute prière : « Persévérez dans la prière, veillant en elle *avec* des actions de grâces » (Col. 4:2). « En toutes choses exposez vos requêtes à Dieu, par des prières et des supplications, *avec* des actions de grâces » (Phil. 4:6). Déjà dans les temps anciens, Daniel s'agenouillait sur ses genoux trois fois le jour « et priait *et* rendait grâces devant son Dieu » (Dan. 6:10).

1.2 Demander

À travers les circonstances variées de la vie, il nous arrive bien plus souvent de demander : nous avons tellement de besoins. La Parole nous parle de « toutes sortes de prières et de supplications en tout temps » (Éph. 6:18). Cherchons à discerner quelles diverses sortes de prières nous adressons à Dieu, tout en conservant la « toile de fond » de l'action de grâces.

1.3 Intercéder

Intercéder, c'est prier en faveur des autres, spécialement en faveur des croyants, mais aussi des âmes perdues, ayant de l'amour pour chacun.

Rappelons qu'il est écrit que Epaphras « combattait toujours pour vous par des prières, afin que vous demeuriez parfaits et bien assurés dans toute la volonté de Dieu » (Col. 4:12). Samuel ne voulait pas « cesser de prier pour vous », disait-il à Israël avant de remettre sa charge de juge. C'eût été « péché » de le faire.

On est appelé à prier pour *l'Evangile* d'une façon générale, pour que Dieu « ouvre une porte », comme pour le salut d'une âme en particulier. Et la Parole nous met tout spécialement à cœur de prier pour les *serviteurs* de Dieu : « … et pour moi… » disait Paul (Éph. 6:19).

Aux Thessaloniciens l'apôtre écrivait : « Frères, priez pour nous » (5:25). Le Seigneur Jésus lui-même invitait ses disciples : « Suppliez donc le Seigneur de la moisson, de sorte qu'il pousse des ouvriers dans sa moisson » (Mat. 9:38).

1.4 Confesser nos fautes

Le prophète Osée déclarait de la part de l'Éternel : « Prenez avec vous des paroles, et revenez à l'Éternel ; dites-lui : Pardonne toute iniquité » (Osée 14:2). Il fallait exprimer la repentance et la confession, venir avec « des paroles », témoins de la tristesse ressentie d'avoir offensé Dieu par ses actes. Cette confession peut être collective, en particulier dans le cas de

1 Corinthiens 5. Mais, elle est avant tout individuelle, selon 1 Jean 1:9 : « Si nous confessons nos péchés, il est fidèle et juste pour nous pardonner nos péchés et nous purifier de toute iniquité ».

En effet, le psaume 32 montre que cette confession s'adresse avant tout à Dieu lui-même : *« Je t'ai fait connaître mon péché... J'ai dit : Je confesserai mes transgressions à l'Éternel ; et toi tu as pardonné l'iniquité de mon péché » (v. 5). Dans le psaume 51, David souligne : « Contre toi, contre toi seul, j'ai péché, et j'ai fait ce qui est mauvais à tes yeux » (v. 4).* Il ne s'agit pas de demander simplement pardon, mais d'avouer à Dieu avec précision le mal que nous avons commis, dans le sentiment profond de ce qu'il en a coûté à Christ de porter sur la croix ce péché-là. Dieu est alors fidèle et juste pour pardonner nos péchés et nous purifier de toute iniquité.

Selon le cas, la confession est en outre de mise envers la personne offensée ou lésée, accompagnée éventuellement d'une restitution, comme l'enseigne Lévitique 5:5, 21-24, et Nombres 5:7.

2. COMMENT PRIER ?

Comment, de quelle manière, s'approcher de Dieu ?

2.1 Attitude extérieure

« *Entre dans ton cabinet* », dit le Seigneur Jésus (Mat. 6:6) « et prie ton Père qui demeure dans le secret ». Et 2 Rois 4:1-6 nous en donne un exemple. Seuls dans la pauvre chambre, la mère et ses deux fils ont récolté les vases vides. Ils ne sont que trois, mais une Présence est là. Dans sa détresse, la mère avait crié à Élisée : Comment sauver ses enfants de la main du créancier (pour nous, de Satan) ? Elle prend le peu d'huile, elle verse, et dans le silence de cette demeure, le miracle s'accomplit. Quand les vases sont remplis, l'huile s'arrête. Dans la mesure de sa foi, et de celle de ses enfants en récoltant les vases vides, il a été répondu.

On ne fait pas parade de sa prière, comme les Pharisiens (Mat. 6:5), quoiqu'il puisse y avoir des cas où il convienne de ne pas cacher qu'on prie, tel Daniel dans sa chambre haute (Dan. 6:10).

Au fait, rien ne peut remplacer cette intimité avec le Seigneur « dans le secret ». Il y invite celui qui ouvrira la porte à laquelle Il frappe : « Si quelqu'un entend ma voix et qu'il ouvre la porte, j'entrerai chez lui et je souperai avec lui, et lui avec moi » (Apoc. 3:20). Le Seigneur Jésus lui-même n'en a-t-il pas donné l'exemple tôt le matin, tard le soir, et même toute la nuit ? Dans la maison de Pierre où il logeait à Capernaüm, il n'y avait probablement pas de pièce où se retirer solitaire, et « s'étant levé sur le matin, longtemps avant le jour, il sortit et s'en alla dans un lieu désert ; et il priait là » (Marc 1:35).

On peut, bien sûr, prier *en tout lieu* (1 Tim. 2:8). Paul priait dans sa prison ; en Actes 21:5, avec les croyants de Tyr, il s'était agenouillé sur le rivage. « Du bout de la terre je crierai à toi », disait le psalmiste (Ps. 61:2 cf. Ps. 139:9-10). Des entrailles du poisson, Jonas criait à l'Éternel du fond de sa détresse (Jonas 2:2-3).

2.2 Avec qui prier ?

Tout d'abord, bien sûr, *individuellement*, en famille et avec toute personne selon votre choix et selon tes orientations.

Remarquons enfin qu'il y a des *cantiques*, ou certaines strophes, qui sont de véritables prières. Chantons-les dans un esprit de prière. Et faire aussi attention de prier avec toute personne à qui, tu n'as pas son état d'âme.

2.3. Attitude morale

Dans quelle attitude intérieure s'approcher de Dieu ?

Tout d'abord avec ***respect* et révérence**. Dans Ecclésiaste 5:2 : Dieu est dans les cieux, toi sur la terre. Même s'il s'est révélé à nous comme Père, ayons toujours présente à l'esprit et au cœur la grandeur de Celui à qui nous nous adressons. Il reste « le père qui, sans acception de personnes, juge selon l'œuvre de chacun »

(1 Pierre 1:17). Cela implique donc l'humilité. On ne multiplie pas les paroles, on prend le temps de s'exprimer, on lui demande de nous parler, comme Samuel autrefois : « Parle, car ton serviteur écoute » (1 Sam. 3:10), et non « Ecoute, ton serviteur parle ».

Cependant notre relation avec le Père est celle d'enfants qui se savent aimés et qui s'approchent de lui avec confiance.

Nous avons le privilège de prier au nom de Jésus et « *par l'Esprit* » (Jude 20), et cela « en tout temps » (Éph. 6:18). Même si nous ne savons pas « ce qu'il faut demander comme il convient, l'Esprit lui-même intercède par des soupirs inexprimables » (Rom. 8:26). La prière dite dominicale est celle que le Seigneur Jésus a enseignée à ses disciples.

3. QUAND PRIER ?

Nous professons connaître le Seigneur et respecter ses droits sur nous, mais s'il venait demander à chacun : « Quand t'adresses-tu à moi ? Quand pries-tu ? » Que lui répondrions-nous ?

Sa parole nous enseigne ce qu'il attend des siens, prière à tout moment.

En lisant psaume 32:6 : « Tout homme pieux te priera au temps où l'on te trouve ». Si nous sollicitons une audience auprès d'un personnage important, il faut attendre quelquefois longtemps avant d'être reçu. Notre Dieu est constamment disponible pour ses enfants ; c'est toujours « le temps où on le trouve » ; c'est *nous* qui, bien souvent, ne sommes pas disponibles pour venir à Lui. Ne laissons pas passer les moments où l'Esprit porte nos cœurs à s'adresser à Dieu, les engage à prier.

Quatre expressions de la Parole, concernant la prière, doivent retenir notre attention : « sans cesse », « en tout temps », « en toutes choses », « en tout lieu ».***1 Thess. 5:16, Éph. 6:18, Phil. 4:5, 1 Tim. 2:8, Deutéronome 11:18, Nbr 28:3-4,***

ORAISON DOMINICALE

Nom donné habituellement à la prière modèle que Jésus enseigna à ses disciples (Mt 6:9,13, Lu 11:2,4).

Notre père qui es aux cieux. Que ton nom soit sanctifié ; que ton règne vienne ; que ta volonté soit faite sur la terre comme au ciel ; donne-nous aujourd'hui notre pain quotidien ; pardonne- nous nos offenses, comme nous aussi nous pardonnons à ceux qui nous ont offensés : ne nous induis pas en tentation, mais délivre-nous du malin. Car c'est à toi qu'appartiennent, dans tous les siècles, le règne, la puissance et la gloire. Amen.

VI. LE BAPTEME ET LA CONFIRMATION

Le baptême rend le chrétien juste. Et la confirmation complète le patrimoine baptismal, grâce aux dons surnaturels propres à la maturité chrétienne.

A. LE BAPTEME

- **Sortes des baptêmes**

La Bible dit : « il y a un seul baptême. ». C'est l'Apôtre Paul qui l'affirme dans sa lettre aux chrétiens d'Ephèse (4.5). Pourtant, lorsque l'on consulte le Nouveau Testament, on rencontre des allusions à plusieurs baptêmes. En lecture combinée de ces versets :1Co. 10.1-2 ; Ac. 19. 1-5 ; Mc 10.38-39 ; Mt.3.11 ; l'on peut citer : le baptême de Moïse, baptême de repentance, de souffrance, de feu, ...

Cependant, il sera question de parler du ***baptême d'eau*** par Immersion et par Aspersion à titre illustratif, tout en précisant que ce n'est pas la manière du baptême qui compte, mais surtout les rites baptismaux qui accompagnent celui-ci.

Ainsi, **le baptême par Immersion** est l'action de plonger, d'introduire la personne dans l'eau. Tandis que **le baptême par Aspersion** est le fait de mettre des gouttes d'eau sur la tête et/ le corps d'une personne.

Nous soulignons que chez les Anglicans les deux baptêmes d'eau sont applicables et si un croyant aurait bénéficié l'une de ces formes, celui-ci ne peut pas en revenir pour la seconde fois.

- **Fondements bibliques et institution**

Parmi les nombreuses préfigurations vétérotestamentaires du baptême, le déluge universel, le passage de la Mer Rouge, et la circoncision se détachent car ils sont mentionnés explicitement dans le Nouveau Testament comme allusion à ce sacrement (cf. *1 P* 3, 20-21 ; *1 Co* 10, 1 ; *Col* 2, 11-12). En effet, avec Jean-Baptiste, le rite de l'eau, même s'il n'a pas d'efficacité salvatrice, est uni à la préparation doctrinale, à la conversion et au désir de la grâce, piliers du futur catéchuménat.

Notons que Jésus est baptisé dans les eaux du Jourdain au début de son ministère public (cf. *Mt* 3, 13-17), non par nécessité mais par solidarité rédemptrice. En cette occasion, l'eau devient définitivement l'élément matériel du signe sacramentel.

De plus les cieux s'ouvrent, l'Esprit descend sous la forme d'une colombe et la voix de Dieu le Père confirme la filiation divine du Christ : ces événements qui touchent la Tête de l'Eglise à venir révèlent ce qui se réalisera ensuite sacramentellement dans ses membres.

Plus tard a lieu l'entretien avec Nicodème durant lequel Jésus affirme le lien pneumatologique qui existe entre l'eau du baptême et le salut, d'où s'ensuit sa nécessité : *« personne, à moins de naître de l'eau et de l'Esprit ne peut entrer dans le Royaume de Dieu »* (*Jn* 3,5).

Le mystère pascal confère au baptême sa valeur salvifique ; Jésus en effet « avait déjà parlé de sa passion qu'Il allait souffrir à Jérusalem comme d'un « Baptême » dont Il devait être baptisé (*Mc* 10, 38; cf. *Lc* 12,50). Le Sang et l'eau qui ont coulé du côté transpercé de Jésus crucifié (*Jn* 19, 34) sont des types du Baptême et de l'Eucharistie, sacrements de la vie nouvelle ».

Avant de monter au ciel, le Seigneur dit aux apôtres : *« Allez, de toutes les nations faites des disciples, baptisez-les au nom du Père et du Fils et du Saint Esprit ; apprenez-leur à observer tout ce que je vous ai commandé »* (*Mt* 28, 19-20). Ce commandement est fidèlement observé à partir de la Pentecôte et il indique l'objectif prioritaire de l'évangélisation, qui est toujours d'actualité.

- **Nécessité**

Le Baptême est nécessaire au salut pour ceux auxquels l'Evangile a été annoncé et qui ont eu la possibilité de demander ce sacrement (cf. *Mc* 16, 16). **Ministre et sujet.**

Le ministre ordinaire est l'**Evêque** et le **Prêtre** et aussi, dans l'Eglise Anglicane, le **diacre**. En cas de nécessité n'importe quel homme, n'importe quelle femme peut baptiser, y compris un non chrétien, pourvu qu'il ait l'intention de faire ce que fait l'Église lorsqu'elle agit ainsi. Le baptême est destiné à tous les hommes et toutes les femmes qui ne l'ont pas encore reçu, et voire les enfants.
Quelques versets ***: Tite 3:5 –, 1 Pierre 3:20-21, 1 Corinthiens 12:13,1 Pierre 3:21, Actes 10:48, Actes 22:16, Colossiens 2:12, Galates 3:27, Luc 3:16, Matthieu 3:11-17.***

B. LA CONFIRMATION

- **Fondements bibliques et historiques**

Les prophéties sur le Messie avaient annoncé que « sur Lui reposera l'Esprit du Seigneur : esprit de sagesse et de discernement, esprit de conseil et de force, esprit de connaissance et de crainte du Seigneur (*Is* 11, 2), et ceci serait uni à son choix comme envoyé : « Voici mon serviteur que je soutiens, mon élu qui a toute ma faveur. J'ai fait reposer sur lui mon esprit ; aux nations, il proclamera le droit » (*Is* 42, 1).

Le texte prophétique est encore plus explicite lorsqu'il est placé dans la bouche du Messie : « L'esprit du Seigneur Dieu est sur moi parce que le Seigneur m'a consacré par l'onction. Il m'a envoyé annoncer la bonne nouvelle aux humbles, guérir ceux qui ont le cœur brisé, proclamer aux captifs leur délivrance, aux prisonniers leur libération » (*Is* 61, 1).

Quelque chose de semblable est annoncé également à tout le peuple de Dieu ; Dieu dit à ses membres : « Je mettrai en vous mon esprit, je ferai que vous marchiez selon mes lois, que vous gardiez mes préceptes et leur soyez fidèles.» (*Ez* 36, 27) ; et dans *Joël* 3, 2, l'universalité de cette diffusion est accentuée : « Même sur les serviteurs et sur les servantes je répandrai mon esprit en ces jours-là. ».

La prophétie messianique se réalise avec l'Incarnation (cf. *Lc* 1, 35), confirmée, complétée et publiquement manifestée dans l'onction du Jourdain (cfr. *Luc* 3,21-22), lorsque l'Esprit descend sur le Christ sous la forme d'une colombe et que la voix du Père actualise la prophétie de l'élection. Le Seigneur Lui-même se présente au début de son ministère comme l'**Oint de Dieu** en qui s'accomplissent les prophéties (cf. *Lc* 4, 18-19), et qui se laisse guider par l'Esprit (cf. *Lc* 4, 1 ; 4, 14 ; 10, 21) jusqu'au moment même de sa mort (cfr. *Hb* 9, 14).

Avant d'offrir sa vie pour nous, Jésus promet l'envoi de l'Esprit (cf. *Jn* 14, 16 ; 15, 26 ; 16, 13), comme cela arrive effectivement le jour de la Pentecôte (cf. *Ac* 2, 1-4), en référence explicite à la prophétie de Joël (cf. *Ac* 2, 17-18), pour marquer ainsi le début de la mission universelle de l'Eglise.

L'Esprit répandu à Jérusalem sur les apôtres est communiqué par eux aux baptisés à travers l'imposition des mains et la prière (cf. *Ac* 8, 14-17 ; 19, 6) ; cette pratique est tellement connue dans l'Eglise primitive qu'elle est attestée dans l'Épitre aux Hébreux comme partie de l'« enseignement élémentaire » et des « thèmes fondamentaux » (*He* 6, 1-2).

Ce cadre biblique est complété par la tradition paulinienne et johannique qui met en rapport les concepts d'« onction » et de « sceau » avec l'Esprit répandu sur les chrétiens (cf. 2 *Co* 1, 21-22 ; *Eph* 1, 13 ; 1 *Jn* 2, 20.27). Ce dernier fait a trouvé une expression liturgique, attestée dès les plus anciens documents, dans l'onction du candidat avec de l'huile parfumée.

Ces mêmes documents attestent l'unité rituelle primitive des trois sacrements d'initiation, conférés durant la célébration pascale présidée par l'évêque dans la cathédrale. Lorsque le christianisme se diffusa en dehors des villes et que le baptême des enfants devint massif, il ne fut plus possible de poursuivre la pratique primitive. Alors qu'en occident la confirmation resta réservée à l'évêque, séparée du baptême, en orient on conserva l'unité des sacrements d'initiation, conférés l'un à la suite de l'autre par le prêtre au nouveau-né. En Orient l'onction avec le saint-Chrême prit de plus en plus d'importance. Elle s'étend à différentes parties du corps ; en Occident l'imposition des mains est précédée d'une imposition générale sur tous les confirmés et chacun reçoit l'onction sur le front (qui vaut imposition).

- **Signification liturgique et effets sacramentaux**

Le saint-Chrême composé d'huile d'olive et de baume est consacré par l'évêque ou le patriarche, et seulement par lui, durant la messe chrismale. L'onction du confirmand avec le saint-Chrême est un signe de sa consécration. « Par la Confirmation, les chrétiens, c'est-à-dire ceux qui sont oints, participent plus pleinement à la mission de Jésus-Christ et à la plénitude de l'Esprit Saint que celui-ci possède, afin que toute sa vie exhale « la bonne odeur du Christ » (cf. 2 *Co* 2, 15). Au moyen de cette onction le confirmand reçoit « la marque », le sceau de l'Esprit Saint » (*Catéchisme*, 1294-1295).

Cette onction est précédée liturgiquement, - quand elle a lieu indépendamment du baptême -, du renouvellement des promesses du baptême et de la profession de foi des confirmands. « Ainsi il apparaît clairement que la Confirmation se situe dans la suite du Baptême » (*Catéchisme*, 1298). Elle est suivie, dans la liturgie romaine, de *l'extensio manuum* de l'évêque sur tous les confirmands tandis qu'il prononce une prière qui est une épiclèse de contenu élevé (c'est-à-dire une invocation et une supplique). On arrive ensuite au rite spécifiquement sacramentel, qui se réalise « par l'onction du saint-Chrême sur le front, faite en imposant la main, et par ces paroles : « Untel, sois marqué de l'Esprit saint, le don de Dieu » (*Catéchisme*, 1300). Le rite se conclut par le baiser de paix, comme manifestation de communion ecclésiale avec l'évêque (cf. *Catéchisme*, 1301).

Ainsi donc la confirmation possède une unité intrinsèque avec le baptême, même si elle ne s'exprime pas nécessairement dans le même rite.

Avec elle le « patrimoine baptismal » du candidat est complété avec les dons surnaturels caractéristiques de la maturité chrétienne. La Confirmation est conférée une seule fois, puisqu'elle « imprime dans l'âme une *marque spirituelle indélébile,* le « caractère », qui est le signe de ce que Jésus-Christ a marqué un chrétien du sceau de son Esprit en le revêtant de la force d'en haut pour qu'il soit son témoin » (*Catéchisme*, 1304). Par elle les chrétiens reçoivent avec une abondance particulière les dons de l'Esprit Saint ; ils sont plus étroitement unis à l'Eglise, « et ils s'obligent ainsi plus strictement tout à la fois à répandre et à défendre la foi par la parole et par l'action ».

- **Ministre et sujet**

Est ministre à cette étape, seul l'Evêque. Et tous ceux, déjà baptisés sont invités ou sujets à la confirmation. L'Evêque peut déléguer son pouvoir en cas de nécessité.

A lire* : *Romains (Rm 8, 14-17), Jean (Jn 14, 16-17) (Jn 16, 13), d'Isaïe (11, 2), Romains (5, 3-5).

VII. TRINITE

1. Arguments théologiques

Dans le christianisme, la Trinité (ou Sainte Trinité) est le Dieu unique en trois personnes : le Père, le Fils et le Saint-Esprit, égaux, participant d'une même essence divine et pourtant fondamentalement distincts. Le terme *Trinitas* (tri + unitas) est forgé en latin par Tertullien (155-220).

En effet, l'énoncé du dogme de la Trinité se présente comme la conséquence de la façon dont Dieu a révélé son mystère : ayant d'abord révélé au peuple juif son existence et son unicité, ce dont l'Ancien Testament se fait l'écho, il se révéla ensuite comme Père, Fils et Saint-Esprit par l'envoi du Fils et du Saint-Esprit, ce dont le Nouveau Testament se fait l'écho.

Notons que le *Père* est « celui qui est éternel » (Eloah/Elohim) (אלהים) ou YHWH (souvent rendu en français par « le Seigneur » ou « l'Éternel », et au Moyen-Age par la transcription *Jéhovah* puis jusqu'au XXe siècle par la transcription *Yahweh* ou *Yahvé*), comme il ressort du passage du Livre de l'Exode où est révélé le Nom divin. Le Nouveau Testament souligne la paternité de Dieu, déjà reconnue dans l'Ancien Testament.

Bien plus, le *Fils*, le *Verbe* ou la *Parole* de Dieu (Jésus-Christ), identifié comme celui qui était avec Dieu (Jn 11), est celui par qui le Père a créé le ciel, la terre et toute chose (comparer Col 115-16 et Hé 110 ; il ressort de Hé 18 que c'est le Père qui parle à son Fils]), et s'est incarné en Jésus-Christ (Jn 114). En lui « habite corporellement toute la plénitude de la divinité » (Col 29). En outre il est aussi l'alpha et oméga (Ap 2213), ce qui signifie « le premier et le dernier » (l'expression se trouve déjà dans Es 4812). Dans l'évangile de Jean, selon la TOB, Jésus se déclare lui-même « Je Suis » (Jn 858s; 24; 28 (allusion à Ex 314)), ce qu'il confirme en disant : « avant qu'Abraham fût, Je Suis » Jn 856s).

Enfin, dans les Evangiles, le *Saint-Esprit* ou *Esprit*, est nommé en grec Πνεῦμα / *Pneuma*, ce qui signifie *souffle* ; il est aussi appelé (uniquement dans l'Evangile de saint Jean) Παράκλητος / *Paraclet*, ce qui signifie « avocat, intercesseur » (Jn 1426). Il se distingue du Père et du Fils (Jn 14 ; Jn 1526 ; Jn 165s). Dans la doctrine chrétienne, il est l'« Esprit de Dieu » ou le « Souffle de Dieu » de l'Ancien Testament , רוח אלהים hébreu ,*Rûah*, celui qui a inspiré les prophètes, s'est manifesté à la Pentecôte, et continue d'assister l'Eglise chrétienne. Il est surtout représenté par des symboles : la colombe, la tempête, le feu. Le texte évangélique précise : « Tout péché et tout blasphème sera pardonné aux hommes, mais le blasphème contre l'Esprit ne sera point pardonné » (Mt 1231 ; voir aussi Mc 329).

La doctrine de la Trinité exclut à la fois le trithéisme*(trois dieux)* ; le modalisme*(Père, Fils et Saint-Esprit ne sont que les modes de présentation du Dieu unique, non pas des personnes distinctes)* et les doctrines qui nient la divinité du Fils ou de l'Esprit-Saint *(ainsi l'ébionisme, l'arianisme, le macédonisme)*.

La croyance en la Trinité est commune aux principales confessions chrétiennes : catholicisme, orthodoxie, protestantisme et évangélique, et ce en dehors de certains mouvements minoritaires comme l'ébionisme.

Cependant, il existe différentes interprétations théologiques du concept de la trinité entre les différentes confessions.

Pour la théologie chrétienne, les trois personnes, ou hypostases, qui constituent le Dieu unique sous forme de Trinité sont divines. Cette essence qui leur est commune est désignée par le terme de consubstantialité (en grec, ὁμοουσία, *homoousia*).

Tertullien a employé les mots latins *substantia*, équivalent du grec οὐσία / *ousia* (« essence », « substance », « être »), et *persona*, qui signifie « masque d'acteur », « rôle », puis « personne », et correspond au grec πρόσωπον / *prosôpon*. Le mot ὑπόστασις / *upostasis*, « hypostase », c'est-à-dire « base »,

« fondement », d'où « matière », « substance », a été employé au concile de Nicée concurremment avec *ousia*. A la suite de Basile de Césarée, s'imposera la formule : « une seule ousia en trois hypostases », c'est-à-dire, une seule essence (être) en trois bases (personnes).

2. Sources bibliques

a) Ancien Testament

Le judaïsme vénère un Dieu unique sous la forme d'une seule et même personne, même si certaines de ses appellations sont au pluriel, comme Adonaï ou Elohim. Il s'agit de ce que les hébraïsants nomment un « pluriel d'excellence ». Les verbes dont « Adonaï » ou « Elohim » et le sujet sont toujours au masculin singulier.

b) Nouveau Testament

« Ni le mot Trinité, ni la doctrine explicite de la Trinité n'apparaissent dans le Nouveau Testament. En effet, Jésus et ses disciples n'avaient pas l'intention de contredire le schéma de l'Ancien Testament, à savoir : « Écoute, Israël ! L'Eternel, ton Dieu, est Un. »

Les premiers chrétiens, cependant, ont dû faire face aux conséquences de la venue de Jésus Christ et de la présence présumée de la puissance de Dieu parmi eux (le Saint-Esprit, qui est venu à la Pentecôte).

Le Père, le Fils et le Saint-Esprit ont été associés dans des passages du Nouveau Testament : *« Allez donc et faites des disciples de toutes les nations, les baptisant au nom du Père et du Fils et du Saint-Esprit » (Matthieu 28:19) et dans la bénédiction apostolique: « La grâce du Seigneur Jésus Christ, l'amour de Dieu et la communion du Saint Esprit soient avec vous tous » (II Cor. 13.14).*

Ainsi, le Nouveau Testament a établi la base pour la doctrine de la Trinité.

CONCLUSION

Nous notons que l'histoire du christianisme commence au Ier siècle au sein de la diaspora juive après la crucifixion de Jésus de Nazareth, dont la date probable se situe vers l'année 30.Ainsi, Jésus est la figure fondatrice du christianisme.

Quant au protestantisme, ce dernier tire son origine dans la Réforme instaurée par Luther et Calvin au début du XVIe siècle et proposant une réinterprétation de la foi chrétienne fondée sur un retour à la Bible. Il faut noter qu'il existe plusieurs confessions religieuses qui se fondent sur la Bible.

D' où, une Eglise est une communauté locale et l'institution qui regroupe les chrétiens d'une même confession. Communauté de fidèles qui professent leur foi en Jésus-Christ. Et tout celui appartenant dans un de ces groupes est appelé Chrétien.

Dans la vie chrétienne, plusieurs formes de ministères ou services doivent enfin être fait par celui-ci, selon son don, c'est pourquoi, la vie passive dans la communauté est non souhaitable.

Ainsi donc, tout chrétien doit connaitre qu'il existerait aussi de dogmes dans le christianisme, à titre d'exemple : la Trinité (ou Sainte Trinité) est le Dieu unique en trois personnes : le Père, le Fils et le Saint-Esprit, égaux, participant d'une même essence divine et pourtant fondamentalement distincts. L'énoncé du dogme de la Trinité se présente comme la conséquence de la façon dont Dieu a révélé son mystère : ayant d'abord révélé au peuple juif son existence et son unicité, ce dont l'Ancien Testament se fait l'écho, il se révéla ensuite comme Père, Fils et Saint-Esprit par l'envoi du Fils et du Saint-Esprit, ce dont le Nouveau Testament se fait l'écho.

Le baptême rend le chrétien juste, la confirmation complète le patrimoine baptismal, grâce aux dons surnaturels propres à la maturité chrétienne. Et tout chrétien vit de la prière pour sa maturation de son lien de communication avec le Créateur, son Dieu.

Cet outil permettra de servir comme guide à tout chercheur et / enseignant, tout en étant convaincu que ces points développés ne donnent que des pistes focales, nous restons en recherche afin d'approfondir cette œuvre.

BIBLIOGRAPHIE

1) Second L. Sainte Bible, Corée du Sud, 1910.
2) La Bible Version TOB, suffalk;, Grande Bretagne, 1986.
3) Dictionnaire Nouveau Petit Robert, Paris, Robert, 2003.
4) GERVAISDUMEIGE,textes doctrinaux du magistère de l'Eglise sur la foi catholique, 1969.
5) Le livre de la prière commune, l'Eglise Episcopale, The church hymnal corporation,New york, Février 1983.
6) A. HAMMAN, *Le baptême par le feu* (article de 1951), dans *Études patristiques*, 1991, 79-84.
7) https://fr.m.wikipedia.org/wiki/Christianisme
8) https://www.pasteurweb.org/Dossiers/LesMinisteres.htm
9) https://eglise.catholique.fr/approfondir-sa-foi/la-celebration-de-la-foi/les-sacrements/la-confirmation/371024-confirmation/

TABLE DES MATIERES

Printed by Books on Demand GmbH, Norderstedt / Germany